AF369595

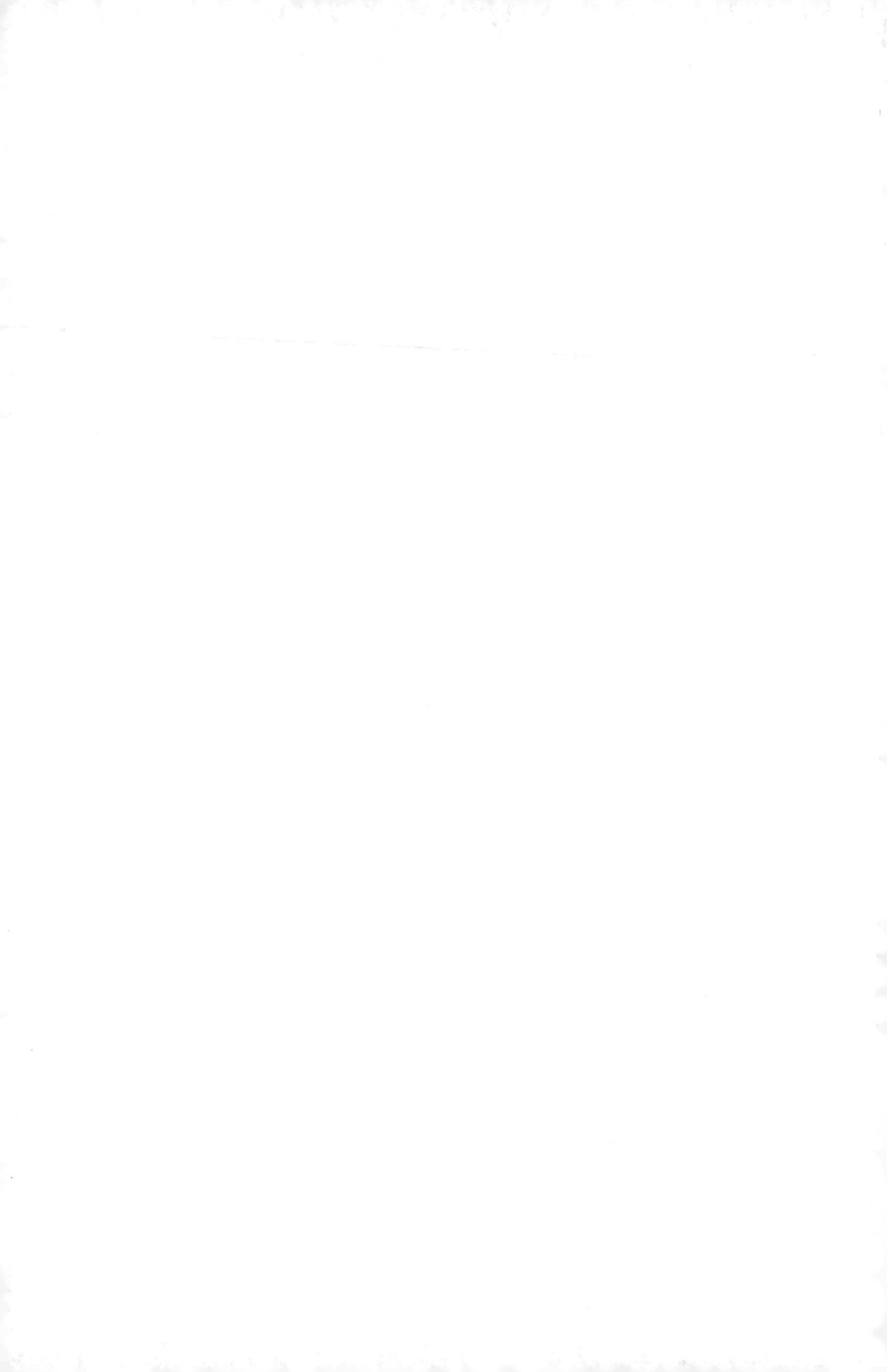

VENTE

Du Lundi 24 Novembre 1913

HOTEL DROUOT, SALLE N° 1

A DEUX HEURES

OBJETS D'ART ET D'AMEUBLEMENT

TABLEAUX, GRAVURES

Bronzes, Sculptures, Objets de vitrine

MEUBLES & SIÈGES

TAPIS D'ORIENT

COMMISSAIRES-PRISEURS

Mᵉ CH. DUBOURG
Mᵉ F. LAIR-DUBREUIL

CATALOGUE

DES

Objets d'Art et d'Ameublement

TABLEAUX, GRAVURES

OBJETS DE VITRINE

Boîtes, Miniatures, Ivoires, Éventails

FAIENCES ET PORCELAINES

BRONZES, PENDULE, SCULPTURES

SIÈGES ET MEUBLES

ANCIENS ET DE STYLE

Tapisserie, Tapis d'Orient

DONT LA VENTE AUX ENCHÈRES PUBLIQUES AURA LIEU

HOTEL DROUOT, SALLE N° 1

LE LUNDI 24 NOVEMBRE 1913

A deux heures

COMMISSAIRES-PRISEURS

Mᵉ Charles DUBOURG | **Mᵉ F. LAIR-DUBREUIL**
8, rue d'Alger | 6, rue Favart

EXPOSITION PUBLIQUE

Le Dimanche 23 Novembre 1913, de 2 heures à 6 heures

CONDITIONS DE LA VENTE

Elle sera faite au comptant.

Les adjudicataires paieront *dix pour cent* en sus des enchères.

Paris. — Imp. de l'Art, Cᴴ. Bᴇʀɢᴇʀ, 41, rue de la Victoire.

DÉSIGNATION

TABLEAUX, GRAVURES

1 — BORNÉ (André). Cavalier du Premier Empire.

2 — COLIN (A.). Famille du Pêcheur.

3 — ÉCOLE ANCIENNE. Portrait présumé de Washington.

4 — ÉCOLE FRANÇAISE. Bergère en prière.

5 — ÉCOLE FRANÇAISE du XVIIIe siècle. Portrait de femme jouant du tambourin.

6 — ÉCOLE ITALIENNE. Le Martyre de saint Sébastien. Cadre Louis XV en bois peint et doré.

7 — ÉCOLE ITALIENNE. La Vierge, l'Enfant et saint Jean-Baptiste.

8 — ÉCOLE MODERNE. Le Marchand d'Estampes.
— Le Buveur.

9 — ÉCOLE MODERNE. Vue du Vésuve.

10 — FOUCAULT (DE). Portrait présumé du duc
d'Aumale. Daté : *Rome 1840*.

11 — GARDNER (D'après). Héloïse et Abélard.
Deux gravures en noir, par WATSON.

12 — KAUFFMANN (D'après Angelica). La Belle Rhodope amoureuse d'Ésope. — Psamineticus,
roi d'Egypte, amoureux de Rhodope. Deux
gravures en couleurs, par BARTOLOZZI.

13 — PINELLI. Scène antique. Sépia.

14 — Gouache, présentant un groupe de villa-
geois.

15 — Gouache, représentant un sujet biblique.

16 — Gravure, d'après LE TITIEN : Vénus Ana-
dyomène.

17 — Grande gravure et sa légende en noir :
L'Entrée de Henri IV à Paris.

18 — Grande gravure en noir : Le Serment du
Jeu de Paume.

19 — Lot de gravures en feuilles.

OBJETS DE VITRINE

20 — Miniature : Portrait de femme en buste.

21 — Miniature : Femme couchée.

22 — Miniature ronde : Portrait de femme assise, tenant une lettre.

23 — Miniature ovale : Portrait de femme décolletée, avec fleurs au corsage.

24 — Miniature ronde : Portrait d'homme Louis XVI, vêtu d'un habit à rayures.

25 — Miniature ronde : Portrait d'homme, vu de profil, vêtu d'un habit noir à jabot blanc.

26 — Miniature ronde : Portrait d'homme en habit noir et cravate blanche.

27 — Petite gravure en couleur : L'Essai du corset.

28 — Boîte en écaille, ornée d'une miniature cerclée d'or : Portrait d'homme Louis XVI en habit bleu.

29 — Miniature ronde : Portrait d'homme en buste, vêtu d'un habit bleu à revers rouge.

3o — Fixé sous verre : Paysage et figures.

31 — Boîte ronde en ivoire, ornée sur le cou-
vercle d'une gravure en couleurs: Bustes des
Rois de France.

32 — Éventail d'époque Louis XV ; feuille dé-
corée d'un sujet allégorique à l'Été. Monture
en ivoire sculpté.

33 — Bas-relief en ivoire sculpté : Hercule et
Omphale.

34 — Statuette en ivoire sculpté : Femme por-
tant un enfant.

35 — Statuette de Bacchante en ivoire sculpté.
Socle en bois.

FAIENCES ET PORCELAINES

36 — Plat creux en faïence, à reflets métalliques.

37 — Deux vases-cornets en ancienne porcelaine de Chine, à décor bleu.

38 — Vase-balustre en porcelaine de Chine, décoré en bleu.

39 — Bouteille, forme gourde, en porcelaine, à décor chinois en bleu.

40 — Bouteille, à anse, en ancien grès émaillé.

41 — Pot à moutarde en faïence de Strasbourg.

42 — Potiche couverte et deux cornets en faïence hollandaise.

43 à 47 — Environ trente pièces en porcelaine, en faïence hollandaise et terre de pipe : verseuses, cache-pots, saucières, assiettes. (Seront divisées.)

BRONZES, PENDULES
SCULPTURES

48 — Deux vases en cuivre émaillé.

49 — Six bols avec présentoirs en étain gravé. Travail chinois.

50 — Paire de flambeaux en cuivre poli, à figures de femmes tenant des urnes. Commencement du XIXe siècle.

51 — Paire de flambeaux en cuivre. Commencement du XIXe siècle.

52 — Statuette de Napoléon en bronze doré. Socle carré en marbre noir.

53 — Deux petits bustes d'hommes en bronze doré.

54 — Bas-relief en bronze : Jeune femme et l'Amour.

55 — Bas-relief en bronze : Baigneuse. Cadre en cuivre.

56 — Groupe en bronze : Divinités égyptiennes. Socle en marbre.

57 — Deux grands plats en cuivre repoussé.

58 — Paire de chenets en cuivre poli, style Louis XIII, avec barre de foyer.

59 — Bouddha accroupi en bronze chinois.

60 — Deux brûle-parfums en bronze chinois, avec socles et couvercles.

61 — Groupe en bronze : l'Amour, d'après FALCONET.

62 — Statuette de Baigneuse en bronze.

63 — Statuette en bronze : Vénus au dauphin. *Édition de Barbedienne.*

64 — Statuette en bronze : Vénus de Milo. *Édition de Susse frères.*

65 — Statuette en bronze : Vénus accroupie. *Édition de Barbedienne.*

66 — Statuette en bronze : Andromède, enchaînée au rocher.

67 — Lustre flamand en cuivre, à six lumières.

68 — Pendule d'applique Louis XV en bois laqué rouge, garnie de bronzes et d'ornements en cuivre estampé.

69 — Statuette de sainte Barbe en chêne sculpté.

70 — Buste de saint Just en plâtre patiné.

71 — Statuette de Vénus en marbre blanc.

MEUBLES, SIÈGES

72 — Plateau ovale en bois incrusté de nacre. Travail annamite.

73 — Deux portes de meubles en chêne sculpté. XVIIᵉ siècle.

74 — Console-support d'applique en bois sculpté peint et doré. Époque Régence.

75 — Glace, cadre doré.

76 — Petite glace, dans un cadre ovale en chêne sculpté.

77 — Glace biseautée, dans un cadre doré surmonté d'un fronton en bois sculpté à carquois, feuillages et rubans.

78 — Glace, dans un cadre en bois sculpté doré, d'époque Louis XVI, fronton orné d'une branche de chêne.

79 — Glace biseautée, dans un cadre en bois
sculpté doré, d'époque Régence.

80 — Glace-trumeau en bois sculpté, peint et
doré, fronton à écusson, ornements et guirlandes de lauriers.

81 — Glace dans un cadre en ébène, en partie
doré. Style Louis XIV.

82 — Petit coffre en chêne. xviie siècle.

83 — Grande glace Louis XIV; cadre en chêne
sculpté.

84 — Fausse cheminée, avec encadrement de
glace en chêne sculpté.

85 — Cadre de glace-trumeau Louis XVI en bois
sculpté laqué gris.

86 — Grande glace Louis XVI, avec fronton en
bois sculpté laqué blanc.

87 — Guéridon Louis XVI, en marqueterie de
bois rose.

88 — Table à ouvrage Louis XVI en acajou, à
deux tiroirs, avec glace à l'intérieur.

89 — Table d'encoignure en marqueterie de
bois.

90 — Table en chêne sculpté, reposant sur quatre pieds de forme contournée. xviie siècle.

91 — Horloge en bois sculpté laqué blanc et en
partie doré. Style Louis XVI.

92 — Meuble à hauteur d'appui en marqueterie
de bois à fleurs, orné de bronzes dorés.

93 — Vitrine d'encoignure Louis XVI en bois
sculpté laqué blanc.

94 — Bibliothèque Louis XVI en bois rose, ouvrant à deux tiroirs et deux portes grillagées.

95 — Bibliothèque en acajou, ouvrant à deux
portes vitrées, garnie de bronze.

96 — Petite table, à trois tiroirs, en marqueterie
de bois à fleurs.

97 — Vitrine en acajou, ornée de bronzes. Style
Louis XVI.

98 — Secrétaire en acajou et filets de cuivre.
Époque Louis XVI.

99 — Petite table rectangulaire en acajou, formant vitrine. Style Louis XVI.

100 — Console Louis XVI, reposant sur deux pieds en bois sculpté et doré.

101 — Petite table rectangulaire en bois sculpté laqué blanc, dessus en marbre. Style Louis XV.

102 — Guéridon, à trois tablettes et galerie, en acajou. Style Louis XVI.

103 — Guéridon en acajou.

104-105 — Deux meubles d'entre-deux en bois noir et marqueterie de cuivre sur fond d'écaille, ornés de bronzes dorés. Dessus en marbre blanc.

106 — Petit buffet, à deux corps, en chêne sculpté, à décor de guirlandes et feuillages, ouvrant à deux portes pleines, deux portes vitrées et deux tiroirs.

107 à 109 — Trois buffets bas en chêne sculpté, ouvrant à trois tiroirs et trois portes pleines. xviiie siècle. (Seront divisés.)

110 — Petite table-tricoteuse en acajou. Style Louis XVI.

111 — Armoire, à fronton cintré, en bois sculpté laqué blanc, ouvrant à deux portes vitrées.

112 — Commode en chêne sculpté, ouvrant à quatre tiroirs. xviiie siècle.

113 — Commode en chêne sculpté, ouvrant à trois tiroirs.

114 — Cabinet en marqueterie de bois, ouvrant à une porte centrale entourée de vingt-huit tiroirs et posant sur une table à trois tiroirs. xviiie siècle.

115-116 — Deux horloges en chêne sculpté.

117 — Meuble à hauteur d'appui en chêne sculpté, à décor de guirlandes et de feuillages, ouvrant à un vantail et deux portes.

118 — Petite table en chêne sculpté, reposant sur quatre pieds cambrés. Style Louis XV.

119 — Jardinière rectangulaire en chêne sculpté. Style Louis XV.

120 — Console en bois sculpté peint et doré, d'époque Louis XVI, à dessus de marbre.

121 — Grande armoire Louis XVI en bois sculpté laqué blanc, ouvrant à deux portes garnies de quatre glaces biseautées.

122 — Grande armoire Louis XVI en bois sculpté.

122 *bis* — Armoire ancienne en bois sculpté.

123 — Lit de milieu Louis XVI en bois sculpté laqué gris et garni de soie à rayures vertes.

124 — Lit de milieu Louis XVI en bois sculpté laqué gris, garni de toile de Jouy.

125 — Lit Directoire en bois sculpté laqué gris.

126 — Lit en noyer sculpté, de style Louis XVI, de la *Maison Kriéger*.

127 — Chambre à coucher Empire en acajou, garnie de bronzes dorés, composée de : un lit, une armoire à glace, une table de nuit.

128 — Toilette en acajou, garnie de bronzes dorés, avec glace.

129 — Guéridon, de même travail.

130 — Quatre chaises en acajou, ornées de bronzes dorés, garnies d'étoffe.

131 — Fauteuil et chaise en bois sculpté doré, garnis en soie brochée.

132 — Banquette d'antichambre, formant coffre, en chêne sculpté, à figures de sphinx ailés.

133 — Six chaises cannées en bois sculpté laqué blanc. Style Louis XVI.

134 — Chaise, à dossier arrondi, en bois sculpté laqué blanc. Style Louis XVI.

135 — Canapé Louis XVI en bois sculpté doré.

136 — Tabouret Louis XVI en bois sculpté laqué blanc, couvert en damas rouge.

137 — Deux tabourets Louis XVI en bois sculpté.

138 — Deux fauteuils en bois sculpté, foncés de canne. Style Louis XV.

139 — Deux chaises Louis XVI en acajou, foncées de canne.

TAPISSERIE, TAPIS D'ORIENT

140 — Petit panneau en ancienne tapisserie : Paysage et oiseau.

141 — Tapis oriental fond vert, médaillon et bordure à fond rouge.

142 — Carpette orientale fond rouge, à encadrements fond rouge et gris.

143 à 145 — Trois tapis d'Orient, à dessins variés.

146 — Objets non catalogués.